La Magia
de la Motivación

© 1998 by Succesories, Inc.
© 2000 EDICIONES GRANICA, S. A.

        Balmes, 351, 1º 2ª - 08006 BARCELONA
        Tel.: +34 93 211 21 12 - Fax: +34 93 418 46 53
        E-mail: barcelona@granica.com

        Lavalle 1634, 3º - 1048 BUENOS AIRES
        Tel.: +54 11 4374 14 56 - Fax: +54 11 4373 06 69
        E-mail: buenosaires@granica.com

        Bradley, 52, 1º piso - Col. Anzures
        11590 MÉXICO D. F.
        Tel.: +52 5 254 40 14 - Fax: +52 5 254 59 97
        E-mail: mexico@granica.com

        Antonio Bellet, 77, Piso 6, Of. 607 - Providencia
        SANTIAGO DE CHILE
        Tel. - Fax: +56 2 235 00 67
        E-mail: santiago@granica.com

        Salto, 1212 - 11200 MONTEVIDEO
        Tel.: +59 82 409 69 48 - Fax: +59 82 408 29 77
        E-mail: montevideo@granica.com

        http:// www.granica.com

Esta edición se publica de acuerdo con el editor original, The Career Press.

Todos los derechos reservados. Ninguna parte de esta publicación se puede reproducir, almacenar en un sistema de datos o transmitir en ninguna forma o por ningún medio electrónico, mediante fotocopiadora, registro o de cualquier otro modo, a menos que se obtenga previamente el permiso escrito del editor.

Traducción: Liliana Lutkin
Compaginación: El Ojo del Huracán

ISBN: 84-7577-835-6
Depósito Legal: B-43.167-2000
Impreso en BIGSA (Barcelona).
Impreso en España - Printed in Spain

Introducción

La búsqueda del éxito personal y profesional es una jornada de prueba y error que dura toda la vida. Esta colección de ingenio y sabiduría es una celebración de las lecciones de la vida. Cada dicho es un impulso motivador para mantenerse en la huella de sus metas y en la persecución de sus sueños.

En estas páginas usted encontrará más de 300 inspiradoras citas de un grupo heterogéneo de personas: profesionales de negocios, escritores, activistas, actores, artistas, deportistas, científicos, filósofos, políticos y gente común.

Esta antología única es el resultado de años de atenta lectura y diálogos entusiastas

La Magia
de la Motivación

con quienes fueron suficientemente amables como para compartir sus colecciones personales de citas. Trabajar en este libro ha sido una encantadora y gratificante experiencia. Esperamos que la lectura de estas frases lo sea también para usted y lo anime en su camino hacia el éxito.

Las pequeñas oportunidades
son con frecuencia el comienzo
de grandes empresas.
Demóstenes

Generalmente, sólo apreciamos
el valor de una cosa
después de haberla perdido.
Arthur Schopenhauer

La superficie
más entretenida de la Tierra
es, para nosotros,
la del rostro humano.
Georg Christoph Lichtenberg

La Magia de la Motivación

La contemplación es un lujo,
mientras que la acción,
una necesidad.

Henri Bergson

El secreto de la alegría
en el trabajo está
en una sola palabra: excelencia.
Conocer bien lo que hacemos
nos permite disfrutar de ello.

Pearl Buck

No esperes que el barco venga
por ti: nada tú en su búsqueda.

Anónimo

Si uno habla y actúa
con un espíritu corrompido,
el dolor lo sigue como la rueda
sigue a la pata de un buey de tiro.
Si en cambio,
con un espíritu sereno,
la dicha lo sigue como la sombra
que nunca abandona.

Buda

No sé si la instrucción
puede salvarnos,
pero no sé de nada mejor.

Jorge Luis Borges

La verdad es siempre
cosa extraña;
más extraña que una ficción.

Lord Byron

La Magia
de la Motivación

Los meses y los días
son viajeros de la eternidad.
El año que se va y el que viene
también son viajeros.
Para aquellos que dejan flotar
sus vidas a bordo de los barcos
o envejecen conduciendo caballos,
todos los días son viaje
y su casa misma es viaje.

Matsuo Basho

El hombre es el único animal
que debe trabajar.

Kant

Aprender en la vejez
es escribir en la arena,
pero hacerlo en la juventud
es grabar sobre la piedra.

Proverbio árabe

Si tomáramos conciencia
de todo lo que somos
capaces de hacer,
quedaríamos atónitos.

Thomas Edison

La Magia de la Motivación

El corazón limpio,
y la cabeza alta.

Refranero español

Cuando el discípulo está listo,
el maestro aparece.

Proverbio budista

La adversidad revela el genio,
la prosperidad lo oculta.

Horacio

La suerte es poderosa.
Deja tu anzuelo siempre listo.
En el momento
en que menos lo esperes,
atraparás un pez.

Ovidio

Empieza de una vez
a ser quien eres,
en vez de calcular qué serás.

Franz Kafka

Los mediocres esperan
que las oportunidades
se les presenten.
Los fuertes,
capaces y alertas de espíritu,
las persiguen.

B. C. Forbes

La Magia
de la Motivación

¿Qué más he de decirle?
Todo me parece subrayado
como es debido: para terminar,
sólo quería aconsejarle todavía
que vaya creciendo tranquilo
y serio a través de su evolución:
no podría producir
un destrozo más violento
que mirando afuera
y esperando de afuera
una respuesta, a preguntas
que sólo puede contestar,
tal vez, su más íntimo ser
en su hora más silenciosa.

Rainer Maria Rilke

Quizá no recuerdo
tanto el pasado,
sino más bien lo devoro,
para alimentar con él
lo que ahora soy.

Witold Gombrowitcz

Deja tu huella.
Sólo los que
se arriesgan
a ir muy lejos
saben cuán lejos
pueden llegar.

T. S. Eliot

La Magia de la Motivación

El valor no es simplemente
una de las virtudes,
sino la forma de cada virtud
en su punto crítico,
que significa su punto más alto.

C. S. Lewis

La mejor medicina
es un ánimo siempre gozoso.

Salomón

La recompensa
de hacer bien algo,
es haberlo hecho bien.

Ralph Waldo Emerson

Hasta en los más pequeños actos
pon el corazón, la cabeza,
la inteligencia y el alma.
Ese es el secreto del éxito.
Swami Sivananda

El éxito no es no caer nunca
sino levantarse tras cada caída.
Anónimo

Un trayecto de mil kilómetros
comienza bajo tus pies.
Lao-tse

La Magia de la Motivación

A cada minuto
nos abruma la idea
y la sensación del tiempo.
Y no hay más que dos medios
para escapar a esta pesadilla,
para olvidarla:
el placer y el trabajo.
El placer nos debilita.
El trabajo nos fortalece.
Elijamos.

Charles Baudelaire

No esperemos a ser ricos
para ser fuertes;
es preciso ser fuertes
para ser ricos.
Otto von Bismark

Cometer una mala acción es fácil.
Una buena acción
que no implique peligro,
es bastante común.
Pero sólo los hombres superiores
hacen grandes y nobles cosas
sin importarles el riesgo.
Plutarco

De evitar disgustos
se compone la felicidad.
Alphonse Karr

La Magia de la Motivación

El tipo de gente que busco
para ocupar puestos directivos
es el de los ambiciosos castores:
tratan de hacer más
de lo que se espera que hagan
y siempre lo logran.

Lee Iacocca

Vivir es nacer a cada instante.

Erich Fromm

Las mentes estrechas
son vencidas por la desdicha;
las mentes superiores
triunfan sobre ella.

Washington Irving

Cada edad tiene sus defectos,
los jóvenes son fogosos
e insaciables en sus placeres,
los ancianos son incorregibles
en su avaricia.

Fénelon

Lo que hacemos
es resultado directo,
no sólo de qué
y cómo pensamos,
sino también de qué
y cómo sentimos.

Warren Bennis

La Magia de la Motivación

En lo que respecta
a las opiniones
que había admitido
en mi creencia,
pensé que no podía
hacer cosa mejor
que suprimirlas todas,
para colocar en su lugar
otras mejores,
o bien las mismas,
pero ajustadas a mi razón.

Descartes

Las grandes expectativas
hacen a los grandes hombres.
Thomas Fuller

El hombre puede
ser destruido,
pero no puede
ser derrotado.
Ernest Hemingway

Agua demasiado pura
no contiene peces.
Ts'ai Ken T'an

La Magia de la Motivación

Estando entre lobos
tienes que aullar como ellos.

Gurdjeff

Nunca sabemos cuál
de las experiencias dolorosas
es la más fructífera
y más significativa
para la próxima etapa
de nuestra vida.

Ira Pregoff

El que aprende y aprende
y no practica lo que sabe,
es como el que ara y ara
y nunca siembra.

Platón

Medita sobre la muerte
y sé amigo de la vida.
Thomas Mann

Existe algo más poderoso
que cualquier otra cosa
en el mundo:
el momento en que
se concibe una idea.
Víctor Hugo

La única manera de descubrir
los límites de lo posible
es llegar hasta lo imposible.
Arthur C. Clarke

La Magia de la Motivación

Lo que los individuos
son capaces de hacer
con su mente no tiene límites.
No hay una edad máxima
para comenzar.
No hay obstáculo
que no se pueda superar
con confianza
y tenacidad.

H. G. Wells

No es la fortaleza
ni la inteligencia,
sino el esfuerzo continuo,
la clave para desarrollar
nuestro potencial.

Winston Churchill

El futuro requiere audacia.

Virgilio

El hombre está
condenado a ser libre;
porque una vez arrojado
al mundo es responsable
de todo lo que hace.

Jean Paul Sartre

La Magia de la Motivación

Cuando identifiques un vacío, llénalo.

Anónimo

El que quiera oír
la voz sincera de su conciencia,
necesita saber hacer silencio
a su alrededor y dentro de sí.

Arturo Graf

...el ego es un mar ilimitado
e inconmensurable.

Kahil Gibran

El que es noble,
aquieta a su persona
antes de moverse;
se recoge, se concentra
en su mente antes de hablar;
afirma sus relaciones
antes de solicitar algo.

Confucio

En todas las cosas de la vida
se encuentra placer
si se sabe saborearlas.

Angel Ganivet

No hay problema
que no pueda resolverse
con sensatez.

Voltaire

La Magia de la Motivación

Conserva el buen humor.
No pienses en los problemas
de hoy, sino en los éxitos
que vendrán mañana.
Tienes dificultades,
pero las superarás si perseveras,
y disfrutarás
de vencer los obstáculos.
Recuerda:
nunca es energía malgastada
la que se aplica a conquistar
algo hermoso.

Helen Keller

La infancia es el pozo del ser.
Gastón Bachelard

El trabajo es un cuerpo
cuya alma es la honradez,
y cuyo corazón
es la perseverancia.
Proverbio árabe

Si siempre estás de acuerdo
con tu socio, uno de los dos
está de más.
Anónimo

La Magia de la Motivación

Nada grandioso
se crea de repente.

Epicteto

El que no quiere
cuando puede,
no podrá cuando quiera.

Proverbio inglés

Desgraciado es el ánimo
al que el futuro inquieta.

Séneca

Cada uno es arquitecto
de su propio destino.

Claudio Appio

El secreto de las artes marciales
es no desenvainar el sable,
pues, si se desea matar a alguien,
se debe morir por ello.

Taisen Dashimaru

Toda empresa,
grande o pequeña,
tiene sus etapas de trabajo duro
y recompensa:
el comienzo,
la lucha y la victoria.

Anónimo

La Magia de la Motivación

Hago lo que mejor conozco,
lo mejor que puedo;
y no abandono
hasta no haberlo terminado.
Si el resultado es bueno,
no me importa
que no me convenga
personalmente.
Si el resultado es malo,
los ángeles son testigos
de que hice todo lo posible.

Abraham Lincoln

Por encima de cualquier otra cosa,
estar decidido
es el secreto del éxito.

Henry Ford

La distancia
da un especial encanto
al paisaje.

Thomas Campbell

Posiblemente
los que más hacen,
más sueñan.

Anónimo

La Magia
de la Motivación

La necesidad no conoce ley.
San Agustín

Actúa con rapidez
y piensa lentamente.
Proverbio griego

Lo que es razonable
es la realidad;
y lo que es una realidad,
es razonable.
Hegel

Si has de hacer algo, ¡hazlo!
Plauto

Para los hombres de coraje
se han hecho las empresas.
Simón Bolívar

No basta con apuntar;
debes disparar.
Proverbio italiano

La Magia
de la Motivación

Las limitaciones son penosas.
Pero algo se consigue con ellas.
En la vida, gracias
al ahorro, uno se prepara
para épocas de necesidad.
Gracias a una actitud reservada,
se evita uno humillaciones.
Pero también son indispensables
los límites en el ordenamiento
de las relaciones universales.
La naturaleza dispone
de límites firmes para el verano
y para el invierno,
para el día y para la noche,
y esto da sentido al año.

I Ching

También
en los dominios del espíritu
reina la ley del más fuerte.
Antonin Artaud

Nada importante
se puede lograr
sin grandeza;
y las personas
pueden ser grandes
sólo si están
decididas a serlo.
Charles de Gaulle

La Magia de la Motivación

Llama al festín a quien te quiere,
al enemigo déjalo.

Hesíodo

Mi mejor amigo
es el que enmienda mis errores
o reprueba mis desaciertos.

José de San Martín

La esperanza es el mejor tónico
para el corazón.

Refrán marroquí

¿Qué es la conciencia?
Es la brújula de lo desconocido.

Víctor Hugo

Saber qué hacer es sabiduría.
Saber cómo hacerlo es destreza.
Hacerlo como se debe
supera a las otras dos virtudes.

Anónimo

El mundo te juzga
por lo que has hecho,
no por lo que has comenzado
a hacer; por lo que has terminado,
no por lo que has emprendido.
El bulldog gana simplemente
porque no suelta su presa
hasta el final.

Baltasar Gracián

La Magia de la Motivación

La persona que camina
por el sendero de otros,
no deja huellas.

Anónimo

Las revoluciones se producen
en los callejones sin salida.

Bertold Brecht

¡Jóvenes!
Cualquiera que sea vuestra fe,
creed, creed siempre.

Leon Tolstoi

No aprendas los trucos del oficio.
Aprende el oficio.

Anónimo

La Magia
de la Motivación

Quienes afirman
«Yo tengo mala suerte»
son aquellos que no han tenido
aún el éxito suficiente
y no lo saben.
Charles Baudelaire

Las propuestas innovadoras
abren nuevas perspectivas
a proyectos descartados.
Roberta Russell

Las mentes dispuestas
descubren las oportunidades.
Louis Pasteur

Cuando estés tratando
de ir a algún sitio,
no te preocupes demasiado
si encuentras huellas de otros.
Nadie que haya estado inmóvil
pudo haberlas dejado.

Anónimo

La única alegría en el mundo
es empezar.

Cesare Pavese

El poder, el dinero
y la celebridad
son poderosos afrodisíacos.

Richard Burton

La Magia de la Motivación

¿Qué es lo que alumbra
nuestros sueños
en la oscuridad total,
detrás de los párpados cerrados?
¿El recuerdo de la luz
que ya no existe,
o la luz del futuro
que tomamos a cuenta
del día siguiente,
aunque aún no haya llegado?

Milorad Pávic

En la ociosidad
el ánimo se extravía.

Lucano

En la vida, las mayores alegrías
no vienen de fuera,
sino de la conciencia
de nuestro propio valor.

Víctor Blütheen

Un individuo de éxito
es un soñador
que cree en sus sueños.

Anónimo

La Magia de la Motivación

El trabajo
es fuente
de todo mérito
y base
de toda humana dignidad.

José Ingenieros

Hasta las ciencias
más adelantadas
están saturadas de misterios
y de preguntas sin respuesta.

Papini

Si te levantas
la primera vez que caes,
podrás hacerlo siempre.

Proverbio chino

Mis más altas aspiraciones
están muy lejos, en el Sol.
No puedo alcanzarlas,
pero puedo verlas
y apreciar su belleza,
creer en ellas
e intentar acercarme.

Louise May Alcott

Los obstáculos
son esas cosas espantosas
que ves cuando apartas
la mirada de tus metas.

Anónimo

La Magia de la Motivación

Me pedía la Luna.

Traje un balde de agua.

Toma –le dije–, ahí la tienes.

Inclínate, tómala.

¿Que no puedes agarrarla?

Es cosa tuya, no mía.

Yo te he traído la Luna.

Jules Renard

Atrévete a saber.

Horacio

En moral, como en arte,
sólo hay una expresión honrada:
¡la sinceridad!

Jacinto Benavente

La fortuna y la osadía
van siempre juntas.

Pietro Metastasio

La Magia de la Motivación

Las cosas pueden
llegar a quienes las esperan,
pero sólo elevan
a quienes las impulsan.

Abraham Lincoln

Es posible
que en el dominio del destino,
el hombre valga más
por la profundidad
de sus preguntas
que por sus respuestas.

André Malraux

Hay más razón en tu cuerpo
que en tus más sabios
pensamientos.

Friedrich Nietzsche

Un hombre honrado se siente
pagado por hacer su trabajo,
con el placer que siente en hacerlo,
y se desinteresa de los elogios,
la estimación y el reconocimiento
que le faltan algunas veces.
Jean de La Bruyère

Cada acción
desencadena una consecuencia.
Tener conciencia de esto
hace más fácil el camino.
Roberta Russell

El mundo guía los pasos
de quienes saben adónde van.
Anónimo

La Magia de la Motivación

Cuando un hombre tiene
una idea elevada
de su propia condición
y carácter,
se esforzará naturalmente
por comportarse de acuerdo
con ellos, y despreciará todo
acto
vil o perverso
que pueda rebajarlos,
ante la imagen que él mismo
se hizo de sí.

David Hume

Es más efectivo el coraje
de hacerlo bien
que el miedo a equivocarse.
Abraham Lincoln

El éxito es un trayecto,
no un destino.

Anónimo

El fracaso es la oportunidad
de empezar de nuevo
con más inteligencia.

Henry Ford

La Magia de la Motivación

Rey no tenemos,
disponga cada uno de sí.

Séneca

El pensamiento
es como un paraguas:
no sirve si está cerrado.

Anónimo

El instinto nos mueve a la acción,
la inteligencia nos paraliza.

Marcel Proust

En mí están mis esperanzas.
Terencio

Hacer bien
es mejor que decir bien.
Benjamin Franklin

El mejor jefe
es el que nos pide que hagamos
aquello que podemos.
Ralph Waldo Emerson

La Magia de la Motivación

Una hora de la vida,
plena de gloriosas acciones
y de nobles riesgos,
vale más que un año
de esa insignificante precaución
con que algunos viven
su existencia,
lenta como las aguas
del pantano,
sin honor ni oposición.

Walter Scott

No desprecies nunca
persona ni cosa alguna;
toda persona tiene su hora,
toda cosa tiene su puesto.
Talmud

El que cree
que podrá lograr algo,
tiene tanta razón
como el que cree que no podrá.
Anónimo

El primer paso que tienes que
dar para ser una persona mejor
es encontrar algo
que dé significado a tu vida.
Lillian Glass

La Magia de la Motivación

La prueba más grande
de valor en este mundo
es saber sobrellevar una derrota
sin perder el ánimo.

Robert Ingersoll

A menos que elijas
hacer grandes cosas con eso,
no hace diferencia
cuánto seas premiado,
o cuánto poder tengas.

Oprah Winfrey

Quien intente guardar su vida,
la perderá;
y quien arriesgue perderla,
la conservará.

San Lucas

Un hombre sin carácter
es una nodriza sin leche,
un soldado sin armas
y un viajero sin destino.

L. A. Pétiet

La fortuna es como un vestido:
muy holgado nos embaraza,
muy estrecho nos oprime.

Horacio

Debes mirar a lo alto para ver
cuántos peldaños te faltan
para conquistar el progreso
que te esté reservado.
Y debes mirar hacia abajo para que,
satisfecho, veas también cuánto
eres más favorecido que los demás.

Friedrich Rückert

La Magia de la Motivación

Nada tan insoportable
para el hombre
como estar
en un reposo absoluto,
sin pasiones,
sin quehacer,
sin diversión,
sin aplicación.

Pascal

El dinero resultó ser
exactamente igual al sexo:
uno no piensa en otra cosa
si no lo tiene y piensa en otras
cosas cuando lo tiene.
James Baldwin

Un sabio decía:
mucho he aprendido
de mis maestros,
más de mis compañeros,
y más aún de mis discípulos.
Talmud

En los grandes emprendimientos,
hasta los fracasos son gloriosos.
Anónimo

La Magia de la Motivación

El camino al éxito
es actuar
con enorme determinación.

Anthony Robbins

El comercio
prueba el carácter.

Samuel Smiles

En cada fracaso
hay una semilla de éxito.

Anónimo

La gente
que avanza en este mundo
es la que persigue y busca
las circunstancias que desea y,
si no las encuentra, las crea.
George Bernard Shaw

El trabajo
enaltece al hombre.
Proverbio irlandés

El manantial desaprueba
casi siempre el itinerario del río.
Jean Cocteau

La Magia de la Motivación

Nada es imposible. Hay maneras de lograrlo todo, y si tenemos suficiente deseo, encontraremos suficientes medios. Muchas veces decir que no se puede es una mera excusa.

François de la Rochefoucauld

La mejor victoria
es vencerse a sí mismo.
Calderón de la Barca

Tener grandes expectativas
es la clave de todo.
Sam Walton

Nútrete de arte
y de ciencia,
y todo lo que respiró
sobre la tierra
será aliento en tu pecho.
Friedrich Hebbel

La Magia de la Motivación

Una «corazonada»
es la creatividad
que trata de decirnos algo.

Anónimo

El hombre de negocios exitoso
a veces hace dinero
gracias a su habilidad
y experiencia,
pero en general
hace dinero por equivocación.

Gilbert K. Chesterton

Las oportunidades son tantas
como las que podamos atrapar.

Sun Tzu

Sabemos lo que somos,
pero ignoramos
lo que podríamos ser.
William Shakespeare

Para que la lámpara encienda
debemos ponerle aceite.
Madre Teresa

El carácter
es la mitad del destino.
R. de la Grasserie

La Magia de la Motivación

No se vive sin fe.
La fe es el conocimiento
del significado que encierra
la vida humana.
La fe es fuerza vital.
Si el hombre vive
es que cree en alguna cosa.

Leon Tolstoi

La vida tiene su lado cómico:
a veces obtienes lo mejor
cuando rehúsas aceptarlo.
W. Somerset Maugham

La fortuna es de vidrio:
resplandece,
pero es frágil.
Proverbio latino

Quien nunca cae,
nunca se levanta.
Anónimo

La Magia
de la Motivación

No hay nada más persuasivo
para los hombres
que el éxito; siempre están
dispuestos a doblegarse
ante la fortuna y la fama.
Leopold von Ranke

Verdad es aquello
que no puedo evitar creer.
Oliver Wendell Homes, Jr.

Las amistades que «motivan»
son aquellas en que cada amigo
respeta la dignidad del otro,
al punto de no precisar
realmente nada de él.
Cyril Connoly

El género humano se divide
en tres categorías: los inmóviles,
los que pueden moverse
y los que se mueven.

Proverbio árabe

La motivación es todo.
Puedes hacer el trabajo
de dos personas, pero no puedes
ser dos personas. En lugar de eso,
tienes que inspirar al que está
en un puesto inmediatamente
inferior al tuyo y dejar que él
inspire a su gente.

Lee Iacocca

Nunca te arrepentirás
de lo que no digas.

Pitágoras

La Magia de la Motivación

«Lo hice» significa logro.

Anónimo

¿Qué le ocurrirá
al trabajo de un ejecutivo
durante los próximos diez años?
Nada. Es sorprendente cuántos
empleos siguen
siendo exactamente
iguales a como eran en 1900.

Peter Drucker

No es posible tropezar
con algo bueno
si se permanece sentado.

Anónimo

La grandeza no se enseña
ni se conquista,
es la expresión de un hombre
que cree en el hombre.

John Ruskin

La Magia de la Motivación

Mira bien dentro de ti.
Allí está la fuente del bien,
jamás vaciada
si la ahondas siempre.

Marco Aurelio

Toda nuestra historia
no es más que la historia
del hombre despierto;
en la historia
del hombre dormido
aún no ha pensado nadie.

Georg Chistoph Lichtenberg

Dos hombres miran
a través de la misma reja,
el uno mira el lodo
y el otro las estrellas.

Frederick Langbridge

Los que sin conocernos bastante,
piensan mal de nosotros,
no nos hacen daño,
pues no nos atacan
a nosotros mismos
sino al fantasma
de su imaginación.

Jean de La Bruyère

Quien no puede hacer nada,
no comprende nada.
Quien nada comprende,
nada vale.

Paracelso

Una experiencia nunca
es un fracaso, pues siempre viene
a demostrar algo.

Thomas Edison

La Magia de la Motivación

Las pretensiones
son un manantial
de contrariedades,
y la época de felicidad
en la vida empieza
cuando aquellas acaban.

Chamfort

En la vida hay
más cosas que hacer
que aumentar su velocidad.

Gandhi

Los que hacen algo
reciben recompensa.

Aristóteles

Cuando se nos pregunte,
después, ¿qué es una conducta?
Responderemos: tres cuartos
de nuestra existencia.

Matthew Arnold

La Magia de la Motivación

> Los que se exigen
> a sí mismos, tienen derecho
> a exigirles a los demás.
>
> **André Gide**

> No hay errores en la vida;
> sólo lecciones.
>
> **Anónimo**

> Los espíritus superiores
> siempre encuentran
> la oposición de los mediocres.
>
> **Albert Einstein**

Nuestro cerebro
es el mejor juguete
que se ha creado.
En él están todos los secretos,
incluso la felicidad.

Charles Chaplin

Todo hombre desea regir el
mundo.
Desafortunadamente,
el mundo rige a cada hombre.

Jeremy Preston Johnson

La única razón por la que
algunas personas se pierden
en sus propios pensamientos
es porque se trata
de territorio desconocido.

Paul Fix

La Magia de la Motivación

Tengo una búsqueda interior
que quiero y respeto,
pero también un trabajo
en la vida que agradezco
y que no puedo despreciar.
Ambas cosas son valiosas,
pero de distinta manera.
¿Qué puede ayudarme
a evaluar cuánto debo dedicar
legítimamente a cada una
para mantener un equilibrio?

Peter Brook

La superación, el ansia
de saber y el sacrificio personal
son las únicas virtudes verdaderas
de todas las que solemos
llamar así, porque sólo en ellas
actúa la voluntad.

Arthur Schnitzler

Mi propio negocio
me mata de aburrimiento.
Prefiero los negocios ajenos.

Oscar Wilde

Sólo lo que tú eres.
Sólo lo que puedes.
Sólo lo que sabes.

Michael Ende

La Magia de la Motivación

Ningún pájaro vuela
demasiado alto,
si vuela sólo con sus alas.
Ralph Waldo Emerson

Nuestro esfuerzo incesante
e inconsciente consiste
en que tendemos a alcanzar
el momento que realiza
nuestra libertad.
Cesare Pavese

Si no puedes trabajar con amor
sino sólo con desagrado,
será mejor que dejes de trabajar
y te sientes a la entrada del templo,
para pedir limosna
a los que trabajan con alegría.
Kahil Gibran

La victoria no vendrá a mí,
a menos que yo vaya hacia ella.
Marianne Moore

Los golpes de la adversidad
son muy amargos,
pero nunca estériles.
Ling-Yutang

No ser amado
es una verdadera desventura;
pero la verdadera desgracia
es no saber amar.
Albert Camus

La Magia de la Motivación

¿Cómo puede uno conocerse
a sí mismo?
Nunca con reflexiones,
sino mediante la acción.
Trata de cumplir con tu deber
y pronto sabrás
lo que tienes que pensar de ti.

Goethe

Más mueven los ejemplos
que las palabras.

Séneca

Nunca trates de enseñar
a un cerdo a cantar.
Perderás el tiempo
y fastidiarás al cerdo.

Proverbio ruso

La Magia de la Motivación

No admitas dádivas
si no quieres
encadenar tus acciones.

Solón

La mayoría de los hombres
emplea la primera parte
de su vida en hacer desgraciada
el resto de ella.

Jean de La Bruyère

Toda dificultad eludida
se convierte más tarde
en un fantasma que perturbará
nuestro reposo.

Frédrich Chopin

La paciencia
tiene más poder que la fuerza.
Plutarco

El principal requisito del éxito
es aplicar a cada problema
todas las energías físicas
y mentales incesante
e incansablemente.
Thomas Edison

Los actos
son las mejores representaciones
del pensamiento.
John Locke

La Magia de la Motivación

¡Convicciones, por Dios,
qué escalofriante orgía!
Una convicción política
o literaria es como una amante
que acaba por matarnos
con la espada o con la lengua.
Observen el rostro de un hombre
inspirado por
una fuerte convicción:
está radiante.

Honoré de Balzac

Importa mucho más
lo que tú piensas de ti mismo,
que lo que los otros opinan de ti.
Séneca

No es suficiente
con hacer lo mejor;
es preciso saber qué hacer,
y luego poner todo tu empeño.
W. Edwards Deming

Dejarse dominar
por las dificultades
es facilitar el infortunio.
Winston Churchill

La Magia de la Motivación

Los sueños
guían nuestro carácter.
Henry David Thoreau

Haz dinero
y todo el mundo conspirará
para decir que eres un caballero.
Mark Twain

El dócil
puede alcanzar
las cosas más inaccesibles
del mundo.
Rabindranath Tagore

El mérito de una obra
es hacerla hasta el final.
Genghis Khan

Es de necios
mirar los vicios ajenos
y olvidarse de los propios.
Thomas Carlyle

No es justo pedir a otros
que se expongan a riesgos
que uno mismo
no está dispuesto a correr.
Lenin

La Magia de la Motivación

El dinero puede ser la cáscara
de muchas cosas,
pero no el núcleo.
Puede darnos comida,
pero no apetito; medicina,
pero no salud;
relaciones, pero no amigos;
sirvientes, pero no fidelidad;
días de alegría, pero no paz
ni felicidad.

Henrik Ibsen

Esperar gratitud
nunca debe entrar
en nuestros cálculos.
Friedrich Schiller

No se va lejos cuando
se cambia de camino cada día.
Proverbio japonés

Error de una psicología del
detalle, la de los hombres que se
buscan,
que se analizan
para conocerse y afirmarse.
La psicología es acción,
no contemplación de sí mismo.
Albert Camus

La Magia de la Motivación

Hay que pagar un precio
por el éxito. Casi invariablemente
aquellos que alcanzaron
la cumbre trabajaron más duro
y más tiempo, estudiaron
y planificaron con más asiduidad,
atravesaron más dificultades
que aquellos de nosotros
que no hemos llegado tan lejos.

B. C. Forbes

Conviene favorecer, explorar,
reconocer y apoyar el instinto,
sin hacerle perder vigor
con la reflexión. Pero es necesario
reflexionar, para acompañarlo
en la acción y sustituirlo
en los momentos de pobreza.

Cesare Pavese

La risa es la distancia más corta
entre dos personas.
Víctor Hugo

En este mundo
las cosas no dan vuelta
si alguien no las mueve.
James Garfield

En la cólera nada viene,
sólo el silencio.
Safo

Quien en verdad
sabe de qué habla,
no encuentra razón
para levantar la voz.
Leonardo da Vinci

La Magia de la Motivación

Cuando estás inspirado
por un alto propósito,
un extraordinario proyecto,
tus pensamientos sobrepasan
todos los obstáculos: tu mente
trasciende sus limitaciones,
tu conciencia se expande en todas
direcciones y te encuentras en un
nuevo, grandioso y maravilloso
mundo. Despiertan tus fuerzas, facultades y talentos dormidos
y descubres que eres una persona
mejor que lo que nunca
habías soñado ser.

Pantjali

Los hombres
soportan y desean ser mandados
con tal de ser bien mandados.
Napoleón

Hasta los errores
pueden ser necesarios
para que un logro
sea completo.
Henry Ford

Continuamente nos enfrentamos
con oportunidades brillantes
disfrazadas de problemas
insolubles.
Anónimo

La Magia de la Motivación

Sólo el sabio retrocede
para tomar el verdadero camino.
Joseph Joubert

Todo es lo mismo,
todo es distinto.
Proverbio zen

Una invencible determinación
puede lograr cualquier cosa.
Es la gran diferencia
entre un hombre superior
y uno inferior.
Thomas Fuller

El dinero viene y se va;
la moralidad llega
y se acrecienta.

Sai Baba

El carácter es un logro,
no un don.

Anónimo

No conozco a nadie
que haya llegado a ser
una eminencia
levantándose tarde
a la mañana.

Jonathan Swift

La Magia
de la Motivación

Por lo general
llegamos adonde pretendemos ir,
si vamos con suficiente energía.
Lo único que se obtiene
sin esfuerzo en la vida
son los problemas;
y muchos de ellos se originan
en querer tomar las flores
sin prestar atención a las ramas.

Anónimo

Los grandes
no alcanzan las alturas
con un vuelo improvisado.
Durante toda la noche,
mientras los demás duermen,
estudian cómo elevarse.
Henry Wadsworth Longfellow

La paciencia
es la fortaleza del débil
y la impaciencia
la debilidad del fuerte.

Kant

La Magia de la Motivación

Cree en lo divino que hay en ti,
y luego escucha el río de la vida.

Sai Baba

Ignorando cuán cerca está,
lo buscamos lejos.

Hakuín

En cada alma hay que regar
lo que Dios ha plantado.

San Isidro

Ser bueno es fácil,
lo difícil es ser justo.

Víctor Hugo

Hombre al que hace efecto
la adulación,
es hombre desarmado.

Arturo Graf

El mayor logro
del espíritu humano
es aprovechar al máximo
las propias capacidades
y recursos.

Vauvernagues

La Magia
de la Motivación

El éxito tiene un precio.
Los que aspiran
a alcanzarlo
deben afrontar
más dificultades
que los que no desean
llegar tan lejos.

B. C. Forbes

No puedes lograr
una nueva meta
si vas por el mismo camino
que te ha traído
hasta donde estás hoy.
Albert Einstein

La diferencia entre ordinario
y extraordinario
es un pequeño extra.
Anónimo

Nada grande
se puede lograr sin entusiasmo.
Ralph Waldo Emerson

La Magia de la Motivación

No todo el tiempo
se crean cosas grandiosas.

Epicteto

¡Dios nos guarde de sacrificar
el presente al porvenir!

Anton Chéjov

Cuando le preguntaron
cómo había conquistado
el mundo, Alejandro Magno
respondió: «No me distraje».

Anónimo

Nunca admires
a un hombre por su fuerza
sino por la forma
en que la emplea.

Lao-tse

Las obras importantes
no se hacen con fuerza,
sino con perseverancia.

Samuel Johnson

El fin de tus esfuerzos
debe ser la acción
y no lo que ella producirá;
no seas de los que necesitan,
para obrar,
el estímulo de la recompensa.

Ludwig van Beethoven

La Magia de la Motivación

La combinación
de quietud y movimiento
nos permite dar rienda suelta
a la creatividad
en todas las direcciones:
adonde quiera que el poder
de nuestra atención nos lleve.

Deepak Chopra

Envidiar es tonto
porque nadie es
verdaderamente
digno de envidia.

Arthur Schopenhauer

Destino no significa suerte,
sino elección.

Anónimo

El mundo es
del hombre entusiasta
que se mantiene sereno.

W. McLee

La Magia de la Motivación

La audacia
aumenta la valentía,
la vacilación
aumenta el miedo.

Syro

Ser lo que somos
y convertirnos
en lo que somos capaces
de llegar a ser,
es la única finalidad de la vida.

Robert Louis Stevenson

La buena suerte
siempre está a tu alcance.
Sólo debes aprender a atraparla.

Goethe

Cuando una persona
está impaciente y dispuesta,
los dioses la ayudan.

Esquilo

El hombre moral es serio
hasta cuando no está
haciendo nada,
y es sincero
hasta cuando no habla.

Lao-tse

El amor fraternal
se basa en la experiencia
de que todos somos uno.

Erich Fromm

La Magia de la Motivación

Casi todas las cosas
más elevadas que se han logrado
en el mundo han sido alcanzadas
por hombres pobres, eruditos
pobres, profesionales pobres, poetas
y hombres de genio, pobres.
Cierta constancia y sobriedad,
cierta moderación y control,
cierta presión de las circunstancias,
son cosas buenas para el hombre.
Su cuerpo no fue hecho para el lujo.
Con el lujo el cuerpo enferma,
se derrumba y muere.

Henry David Thoreau

El coraje es ingenio,
poder y magia. Atrévete.

Goethe

Reflexiona antes de la acción
para que no se produzca
nada censurable.

Pitágoras

No te preguntes cómo se triunfa,
sino por qué se fracasa.

Anónimo

La Magia de la Motivación

El éxito consiste
en ir de fracaso en fracaso
sin perder el entusiasmo.
William S. Churchill

Si uno quiere ser mañana
una gran empresa,
debe empezar a actuar hoy
mismo como si lo fuera.
Thomas J. Watson

Desear una cosa
es la mitad de la probabilidad
de lograrla.
Proverbio persa

El secreto del éxito
en la vida del hombre
consiste en estar dispuesto
para aprovechar la ocasión
que se le depare.

Benjamin Disraeli

Como un campo,
aunque sea fértil,
no puede dar frutos
si no se cultiva, así le sucede
a nuestro espíritu sin el estudio.

Cicerón

El granero se ha quemado;
ahora puedo ver la Luna.

Masahide

La Magia de la Motivación

Las elecciones son el eje del destino.

Anónimo

Distinguir entre lo que hacemos
y lo que somos capaces de hacer
resolvería muchos
de los problemas del mundo.
Gandhi

Así como la falta de uso
oxida el hierro,
la inacción
estropea el intelecto.
Leonardo da Vinci

Es injusto creer
que la naturaleza
no ha sido pródiga con uno.
Con más indulgencia veremos,
en nosotros, más.
Anónimo

La Magia de la Motivación

No vivas con miedo
de lo que el futuro te puede
deparar. Vive con la esperanza
puesta en las oportunidades
que encierra.

Anónimo

Lo que deseas conseguir,
lo obtendrás más fácilmente
con una sonrisa
que con la punta de una espada.

Dale Carnegie

No existe almohada más blanda
que la conciencia limpia.

Proverbio japonés

Nadie sabe de lo que es capaz
hasta que lo intenta.

Publio Siro

Los errores que saltan a la vista
en una obra, son, precisamente
por eso mismo, fácilmente
remediables, y en verdad,
no cuentan. Cuenta el error
fundamental, la perspectiva
equivocada, que se desborda
hasta en las partes correctas.

Cesare Pavese

Si añades a la verdad, le restas.

Talmud

La Magia de la Motivación

Cuando era niño,
mi madre me dijo:
«Si eliges ser soldado,
serás general;
si eliges ser sacerdote,
serás Papa». Fui pintor,
y llegué a ser Picasso.

Pablo Picasso

Las personas de éxito
son las que han sabido hacer
lo que debían hacer,
cuando debían hacerlo,
sin importarles
si les gustaba o no.
Aldous Huxley

Sólo el hombre que nada
espera es verdaderamente libre.
Sócrates

La necesidad de tener razón,
signo de un espíritu vulgar.
Albert Camus

La Magia de la Motivación

> Oponer lo que te gusta
> a lo que te disgusta:
> esa es la enfermedad
> de la mente.
>
> **Seng-t'san**

> Se aprende más
> en una breve conversación
> con un sabio,
> que leyendo libros
> durante un mes.
>
> **Proverbio chino**

> Es hermoso vivir
> porque vivir es iniciar algo,
> siempre, en cada instante.
>
> **Cesare Pavese**

Cuanto mayor es la dificultad,
mayor es la gloria.

Cicerón

Muchos tienen oportunidades,
pero sólo los sabios las
aprovechan.

Syro

No cumplir una cita
es una falta de honradez:
es lo mismo quitar a otro
su dinero que su tiempo.

Horace Mann

La Magia de la Motivación

Nada es imposible cuando se desea y se intenta. Esa es la única ley del éxito.

Mirabeau

La felicidad
reside en la alegría
de lograr algo
y la emoción
del esfuerzo creativo.

Franklin Roosevelt

Ahora es la hora
y la hora es ahora.

Maestro Jocho

Procúrate un maestro,
haz por merecer un amigo
y piensa bien de todos.

Talmud

La Magia de la Motivación

Las habilidades que no se usan, se pierden.

Anónimo

Una de las más bellas compensaciones de esta vida es que cuando ayudamos a otro, nos ayudamos a nosotros mismos.

Ralph Waldo Emerson

Otros títulos de esta serie:

➤ *Triunfar en Equipo*

➤ *La Esencia de la Actitud*

➤ *El Poder de las Metas*

➤ *Compromiso con la Excelencia*

➤ *Los Mejores Pensamientos acerca del Éxito*